# NOTICE

SUR

LE GÉNÉRAL

Victor-Léopold **BERTHIER**.

# NOTICE

SUR

LE GÉNÉRAL

Victor - Léopold BERTHIER.

A PARIS,

DE L'IMPRIMERIE IMPÉRIALE.

1807.

# NOTICE

## SUR LE GÉNÉRAL

## Victor-Léopold BERTHIER.

---

Victor-Léopold Berthier naquit à Versailles le 22 mai 1770; il entra dans les Gardes de la Porte, le 1.er janvier 1781 : Sous-lieutenant dans le régiment de la Fère, le 22 mai 1785; Lieutenant aide-de-camp du Général *Grandpré*, au camp de S.t-Omer, le 27 septembre 1788; Capitaine aide-de-camp du Général

*Lamarck*, le 20 mai 1791 ; Aide-de-camp du Général *Wiestingoff*, le 22 avril 1792; Chef de bataillon, ingénieur géographe, le 1.er thermidor an 4 ; Adjudant général, chef de brigade, le 21 fructidor an 5 ; il ne dut ces divers grades qu'à son activité et aux talens qui le firent remarquer dès son entrée au service.

LÉOPOLD fit la première campagne de la guerre de la Vendée, sous les ordres du Général *Menou ;* celles des années 2 et 3, à l'armée des Alpes, aux ordres du Général *Kellermann ;* ensuite celles de l'armée d'Italie, commandée par le Général BONAPARTE, jusqu'en l'an 6. Il passa alors à l'armée de Rome, en qualité de Chef d'état-major général, jusqu'à la formation de l'armée de Naples. Employé à l'avant-garde de cette armée, il s'est trouvé à la bataille de Civita-Castellana, et aux affaires de Calvi et d'Ostricoli. En entrant dans le pays napolitain, il s'est emparé de la ville de Sora. Dans différens combats de l'armée de Naples, il a eu deux chevaux tués sous lui.

A la journée mémorable de la Trébia, le 1.<sup>er</sup> messidor an 7, il a rallié deux fois la cinquième demi-brigade légère, l'a conduite presque dans les retranchemens de l'ennemi, et il arrêta la colonne russe qui, protégée par une artillerie formidable, passait le fleuve : *Macdonald* le nomma Général de brigade sur le champ de bataille.

Dans le cours de la campagne de l'an 7, il avait repris les fonctions de Chef d'état-major de l'armée, et il se trouva à l'affaire de Modène, où, suivi d'un petit nombre de braves, il fit deux cents prisonniers de la légion de *Bussi*. Il commandait une demi-brigade aux combats de

Ponté-di-Nava, du Taro, sur la Secchia et au Sasse-Colo.

Il reçut une Armure pour sa conduite distinguée dans toutes ces affaires, et un Sabre d'honneur aux journées des 18 et 19 brumaire.

Au mois de frimaire an 8, Léopold fut envoyé en mission extraordinaire sur la ligne des Alpes, à l'aile gauche de l'armée d'Italie : en nivôse suivant, nommé Chef de l'état-major général des 15.$^e$ et 17.$^e$ divisions militaires; et le 28 thermidor, même année, chargé par le Premier Consul de l'inspection des départemens de l'Ouest; d'où il passa à l'armée du Midi, comme Chef de l'état-major général.

Honoré d'une nouvelle mission extraordinaire, en vendém. an 10, il alla recevoir l'armée d'Orient, qui revenait d'Égypte, dans les ports de Toulon et de Marseille. Au retour, il reçut des félicitations du Premier Consul et du Ministre : alors, il continua les fonctions de Chef d'état - major de la première division militaire, où il n'avait été remplacé que par intérim, pendant sa mission.

Le 12 floréal an 12, il se rendit,

en la même qualité, à l'armée sous Nimègue, depuis, armée d'Hanovre. C'est à ses soins assidus qu'on doit le travail important de la levée des plans de cet Électorat; monument précieux de ses connaissances et d'utilité pour le Gouvernement.

S. M. l'Empereur et Roi le promut au grade de Général de division, le 12 pluviôse an 13. Chef d'état-major du premier corps de la Grande Armée, sous les ordres de M. le Maréchal *Bernadotte*, LÉOPOLD repoussa des premiers l'injuste agression des Autrichiens, qui s'étaient

déjà emparés de Munich. Ce fut
en cette occasion que l'Électeur le
décora de la Grand'croix de l'Ordre
Palatin du Lion.

A la bataille d'Austerlitz, il se
fit remarquer au corps qui enfonça
le centre de l'armée russe. Depuis,
il a fait la campagne contre la
Prusse ; et les Bulletins contiennent
une mention particulière de sa
conduite distinguée à l'importante
affaire de Hall, à la bataille et à
la prise de Lubeck. Il contribua
sur-tout au succès de cette journée,
par la célérité de l'attaque, et les
positions hardies qu'il fit prendre

aux troupes qu'il dirigeait sous les yeux du Prince de Ponte-Corvo : ce Prince, digne appréciateur de ces opérations, lui donna les plus grands éloges.

L'excès de ses fatigues, comme Général et comme Chef d'état-major, le forcèrent alors de demander un congé pour revenir en France.

Tel est l'exposé rapide des services du Général *Victor - Léopold* BERTHIER, et de ses titres à la gloire et à la reconnaissance publique.

Il a été enlevé le 21 mars 1807, à la fleur de son âge. Cette perte imprévue sera vivement sentie par ceux qui connaissent combien il est difficile de réunir les qualités guerrières d'un Général à l'esprit d'ordre et de précision nécessaire à un Chef d'état-major. Il est universellement regretté , tant pour ses talens militaires , sa loyauté , que pour sa rare modestie et ses excellentes qualités sociales.

Général de division , Chef d'état-major général du premier corps de la Grande Armée , l'un des Commandans de la Légion d'honneur, Chevalier Grand'croix de l'Ordre du Lion de Bavière , LÉOPOLD eut toujours la noble émulation de se montrer digne du Prince de Neuchâtel son frère; de prouver son amour et son dévouement pour notre auguste Souverain : en un mot, il a porté, avec distinction, un Nom illustre et cher à la patrie.

On doit rappeler ici qu'il était l'un des fils de M. *J. B. Berthier*, Lieutenant - colonel d'infanterie, commandant en chef les ingénieurs géographes des camps et armées, Chevalier de S.ᵗ Louis, et qui, en 1789, fut Électeur de l'Ordre de la noblesse. Ce vieillard vénérable eut la satisfaction de voir sa nombreuse famille s'avancer, avec gloire, dans la carrière qu'il avait parcourue honorablement.

Le Général *Victor - Léopold* BERTHIER laisse trois enfans de Madame *T. J. U. Bonnemant,* sa veuve. C'était uniquement près de cette femme charmante, d'un esprit aimable, et au milieu de leurs enfans chéris, qu'il se délassait de ses nombreux et pénibles travaux. Cette union, d'une trop courte durée, fit le bonheur de sa vie.

ECKARD.

# AUX MÂNES

## DU GÉNÉRAL

### Victor-Léopold BERTHIER.

———

Léopold, tu n'es plus ! Jeune encore... Ô douleur !
Austerlitz, Hall , Lubeck, rediront ta valeur.
Bon Frère, excellent Père, Époux tendre et fidèle :
Ah ! qui peindra ton cœur, des vertus le modèle !

ECKARD.